Das alternative Bastelbuch für Kinder

Band 2

Text und Redaktion
Angela Zeidler-Frész
Zeichnungen und Gestaltung
Arno Czerwonka

2. 3. 4. 5. Auflage/Jahr 91. 90. 89
© 1988, proclama-Verlag
Umschlaggestaltung: Arno Czerwonka
Satz: Typo Schröder, Dernbach
Druck: Druckerei und Verlag Fritz Steinmeier
Printed in Germany

ISBN 3-923515-54-5

An die Eltern:

Dieses Bastelbuch soll Kinder und Eltern anregen, im Familienalltag gemeinsam **aktiv & kreativ** zu sein und aus einfachen Mitteln dekorative und nützliche Gegenstände, Spiele und kleine Geschenke zu basteln. Die Bastelschritte sind kindgerecht erklärt, und die übersichtlichen Zeichnungen vereinfachen das Basteln, so daß Kinder auch alleine zurechtkommen.

In diesem Buch werden hauptsächlich Materialien verwendet, die im Haushalt als Abfallprodukte anfallen. Die Kinder sollen lernen, daß aus Altem Neues entstehen kann. Ihre Kreativität wird dadurch gefördert und ihr Selbstwertgefühl gestärkt.

Helfen Sie Ihrem Kind, **aktiv & kreativ** zu sein!

N.S. Die Anleitungen eignen sich auch sehr gut zum Basteln in der Gruppe.

Inhaltsverzeichnis

Einleitung 07
Woraus wird in diesem Buch gebastelt .. 08
Werkzeug, das gebraucht wird 09
Übersicht 10

So ein Theater! 12-20

Bunte Pappnase für den Clown 12
Schnurrbart und Telefon für den Direktor 13
Trari-trara... die Post ist da! 14
Schmuck-Créationen 15
Eine Sonnenbrille für den Urlaub 16
Fern-sehen... mal ganz anders! 17
Wer fliegt mit mir auf den Mond? 18
Durchblick für den Arzt! 19
(L)an(g)gezogene Ohren 20

Ein Besuch im Zoo
    mit Hans, Heinrich und Helmut! .. 22-32

Hans, Heinrich und Helmut 22
Lustige Mäuse 23
Froschtrio 24
Fleißige Bienen 25
Alle Vögel sind schon da! 26
Katze mit Ringelschwanz 27
Falsche Schlange 28
Besuch vom Nil – das Krokodil 29

Der kuschelige Waschbär 30
Was suchen die Hühner auf dem
    Frühstückstisch?............ 31
Herr und Frau Hurtig 32

Aus alt mach neu 34-44

Alles im richtigen Rahmen 34
    Ein Kochtopf macht Karriere –
von der Herdplatte zur Fensterbank! .. 36
Blumentopf-Parade 37
Blumentopflampe 38
Ein Korb für Blumen 39
Das T-Shirt mit der persönlichen Note . 40
Alles in schönster Ordnung 42
Dein Traumkopfkissen 43
Ausgediente Bettlaken –
    zu neuen Diensten 44

Spiel mit mir! 46-56

Die Puppenstube im Schuhkarton 46
Rhythmus aus der Dose 50
Schlag auf Schlag 51
Fang die Kugel! 52
Nußmemory 53
Der alternative Fernsehapparat 54
Das ausgeflippte Murmelspiel 55

Inhaltsverzeichnis

Schachteltheater	56
Schöne Dinge für dein Zimmer	58-68
Lumpensammler	58
Bau dir eine Uhr	60
Fotostammbaum	61
Bilder mit Nadel + Faden	62
Der originelle Setzkasten	63
Schöne Bilder – schön gerahmt	64
Hubschrauber-Mobile	65
Salzbilder	66
Das Haus der Feste!	67
Eine nette Marionette	68
Nette Geschenkideen	70-82
Türschilder aus Salzteig	70
Faltrahmen	72
Kleines Fotoalbum	73
Glückwunschkarten selbstgemacht	74
Blumenbild	76
Dieser Rahmen ist einfach Spitze!	77
Wandschmuck aus Kacheln	78
Kerzentorte	79
Glückwunschkarten selbstgemacht II	80
Mobile aus Stroh und Perlen	82
Allerlei Nützliches	84-94
Wachsende Pinnwand	84
Ein Doppelgänger zum Aufhängen	86
Schöner Untersetzer	87
Eine Tasche für „jute" Zwecke	88
So macht Essen noch mehr Spaß	89
Spangenliesel	90
Dose für Briefmarken	91
Mein eigenes Tischset	92
Telefonkasse	94

einleitung

Hallo Kinder!

In diesem Buch geben wir euch viele, viele Bastelideen. Manche sind ganz leicht, machen aber trotzdem großen Spaß. Andere sind nicht so einfach, aber die Anweisungen und Zeichnungen helfen euch, sie zu verstehen.
Wie ihr beim Durchblättern merken werdet, sind die meisten Bastelideen aus einfachen Mitteln herzustellen. Ja, sehr viele der Sachen, die man in diesem Buch zum Basteln benötigt, findet ihr manchmal sogar in eurem Abfalleimer!
Die Ideen, die hier angegeben wurden, sind natürlich für euch nur als Anreiz gedacht — ihr werdet dadurch sicherlich angeregt, viele andere nützliche und spielerische Sachen zu basteln. Laßt eurer Fantasie freien Lauf und werdet **aktiv & kreativ**!

Woraus in diesem Buch gebastelt wird

- Aktenordner (alt)
- Alufolie
- Apfelkerne
- Aufkleber
- Bast
- Bastelwatte
- Bettlaken (alt)
- Bierdeckel
- Bilderrahmen (alt)
- Bindfaden
- Blumenerde
- Blumentopf
- Bohnenkerne (rot/weiß)
- Borte
- Briefmarken (entwertet)
- Bucheckern
- Buntpapier
- Buttermilchbecher
- Camembertschachteln
- Cremedosen (leer)
- Eierkartons
- Eisstiele
- Erbsen
- Faden
- Fellreste
- Filz
- Flaschenkorken
- Fotos
- Gardinenreste
- Gardinenringe (Holz)
- Geschenkband
- Geschenkpapier
- Gewürznelken
- Gurkenkerne
- Hagebutten
- Haushaltskerzen
- Herbstblätter
- Holzkugeln
- Holzperlen
- Holzwäscheklammern
- Illustrierte
- Joghurtbecher
- Jutetasche
- Kachel
- Karton
- Kastanien
- Kataloge
- Keksdose
- Kissenbezug (alt/weiß)
- Kleidungsstücke (alt)
- Knöpfe (alt)
- Kochtopf (alt)
- Kuvertklammern
- Lampenfassung
- Lederreste
- Mais
- Mehl
- Murmeln
- Nadel
- Packpapier
- Papier
- Papiertischtuch
- Pappe
- Pappkartons
- Pfefferkörner
- Pflanzen
- Plastiktüte
- Postkarten (weiß)
- Reis
- Salz
- Schneckenhäuschen
- Schrankpapier
- Schuhkarton
- Spankorb
- Spitze
- Spitzendeckchen
- Spitzentaschentücher
- Steinchen
- Stoffreste
- Streichhölzer
- Streichholzschachteln
- Strohhalme
- Stöckchen
- Taschentuch (bunt)
- Teppichbodenrest
- Toilettenpapierrollen
- Tonpapier
- Tortendeckchen (rund)
- Transparentpapier
- T-Shirt (alt)
- Walnüsse
- Waschhandschuh
- Watte
- Wattekugeln
- Weizenkörner
- Wolle
- Waschmittelschachtel
- Waschmitteltonnendeckel
- Zeichenkarton (bunt)
- Zeitungsausschnitte

Werkzeug, das gebraucht wird

Aufhänger	Klebestift	Plakafarbe
Bleistift	Klebstreifen	Schere
Buntstifte	Locher	Stopfnadel
Deckweiß	Messer	Stoff-Farben
Filzstifte	Maßband	Stoffmalstifte
Goldfarbe	Faden	Wachsmalstifte
Gummiband	Nadel	Wasserfarben
Kartoffeln	Nudelholz	Zahnstocher
Kleber	Pinsel	

Übersicht

So ein Theater — 11

Ein Besuch im Zoo — 21
mit Hans, Heinrich und Helmut

Aus Alt mach Neu — 33

Spiel mit mir — 45

Schöne Dinge — 57
für dein Zimmer

Nette Geschenkideen — 69

Allerlei Nützliches — 83

Das wird gebraucht:
* Eierkarton
* Gummiband
* Farbe
* Pinsel
* Nadel
* Schere

Bunte Pappnase für den Clown

* Mit solchen Nasen seht ihr bestimmt ganz lustig aus!

1. Pappnase aus dem Eierkarton ausschneiden und rot anmalen.
2. Mit einer Nadel seitlich Löcher stechen und Gummiband daran befestigen.

Schnurrbart und Telefon *für den Direktor*

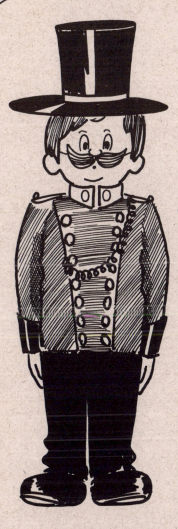

Das wird gebraucht:
* Karton
* Gummiband
* Farbe
* Pinsel
* Bleistift
* Nadel
* Schere

1. Schnurrbart aufzeichnen und ausschneiden.
2. Mit einer Nadel seitlich Löcher stechen und Gummiband daran befestigen.

Das wird gebraucht:
* Karton
* weißes Papier
* Wollfaden
* Filzstift
* Bleistift
* Kleber
* Schere

1. Telefon und Hörer auf Karton zeichnen und ausschneiden.
2. Aus weißem Papier Wählscheibe ausschneiden, auf das Telefon kleben und mit Filzstift beschriften.
3. Hörer und Telefon mit einem Wollfaden verbinden.
4. Telefon an den gestrichelten Linien nach hinten falten, damit es steht.

Trari - trara
... die Post ist da !!

1. Offene Seite des Kartons (=Vorderseite) wie auf der Zeichnung zuschneiden.
2. Obere Hälfte mit Klebstreifen zusammenkleben.
3. Karton mit gelbem Papier bekleben oder gelb anmalen.
4. Posthorn aufmalen.
5. Kuvertklammer an der Klappe befestigen.
6. Schlitz oben einschneiden.

* Wenn ihr den Briefkasten vor eurem Zimmer anbringt, könnte eure Mutter z.B. die tägliche Reklamepost einwerfen.

Das wird gebraucht:
* alter Karton
* gelbes Papier zum Bekleben oder gelbe Farbe zum Bemalen
* Kuvertklammer
* Kleber
* Klebstreifen
* Schere

Schmuck-Créationen

Eine hübsche Halskette

1. Abwechselnd Bucheckern, Kastanien, Hagebutten usw. auffädeln.
2. Wenn die Kette lang genug ist, mit einem Knoten zubinden.

Das wird gebraucht:
* Bucheckern, Kastanien, Hagebutten, leere Schneckenhäuschen
* Mais (ungetrocknet)
* Nadel
* Faden

Kette aus Knöpfen

Das wird gebraucht:
* langer bunter Wollfaden
* alte Knöpfe
* Nadel
* Schere

Knöpfe zur Kette auffädeln.

1. Brille auf Karton zeichnen, ausschneiden und bemalen.
2. Rückseite der Brille mit Transparentpapier bekleben.
3. Mit einer Nadel seitlich kleine Löcher stechen und Gummiband daran befestigen.

Das wird gebraucht:
* Karton
* Gummiband
* Transparentpapier
* Farbe
* Nadel
* Stift
* Schere

---

* Guten Durchblick!

Fern-sehen
...mal ganz anders!

Das wird gebraucht:
2 Papprollen,
1 Streichholzschachtel,
1 Wollfaden, Nadel und Kleber.

Alleskleber
Loch für Wollfaden

1. Streichholzschachtel zwischen zwei Papprollen kleben.
2. An den Außenseiten der Papprollen je ein Loch mit der Nadel stechen und den Wollfaden daran befestigen.

Wer fliegt mit mir auf den Mond?

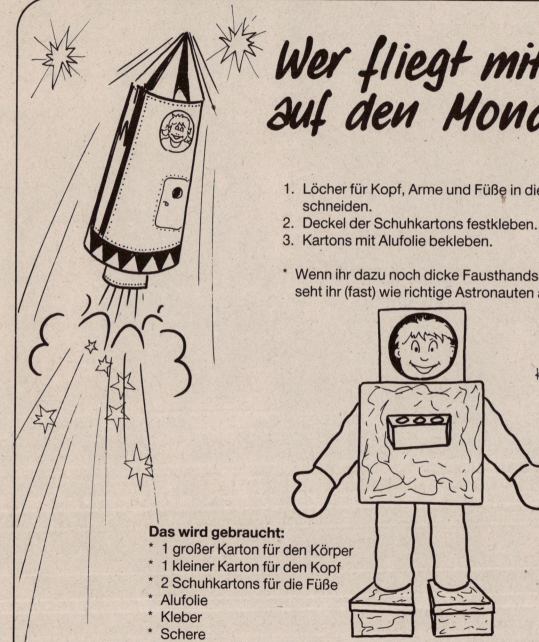

1. Löcher für Kopf, Arme und Füße in die Kartons schneiden.
2. Deckel der Schuhkartons festkleben.
3. Kartons mit Alufolie bekleben.

* Wenn ihr dazu noch dicke Fausthandschuhe tragt, seht ihr (fast) wie richtige Astronauten aus.

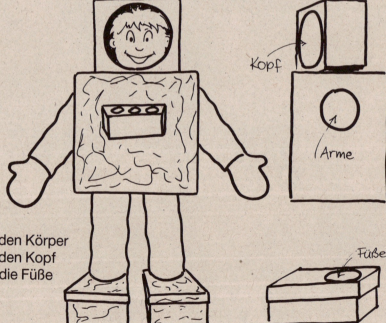

Das wird gebraucht:
* 1 großer Karton für den Körper
* 1 kleiner Karton für den Kopf
* 2 Schuhkartons für die Füße
* Alufolie
* Kleber
* Schere

(L)an(g)gezogene Ohren

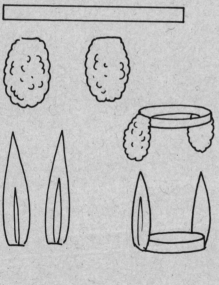

Das wird gebraucht:
* Karton
* Watte
* Kleber
* Bleistift
* Maßband
* Schere

1. Kopfumfang messen und einen 3 cm breiten Kartonstreifen in der Länge des Kopfumfangs + 2 cm extra zuschneiden.
2. Kartonstreifen an den Enden zusammenkleben, so daß ein Stirnband entsteht.
3. Ohren auf Karton zeichnen und ausschneiden.
4. Ohren an den Seiten des Stirnbands ankleben.
5. Schafsohren mit Watte bekleben.

* Wenn ihr euch zu den Schafsohren noch ein Fell umhängt, sieht es noch besser aus.

Hans, Heinrich & Helmut

Das wird gebraucht:
* Papprollen
* Wattekugeln
* Karton
* Wolle
* Buntpapier
* Stoffreste
* Wasserfarbe
* Pinsel
* Filzstifte
* Kleber
* Schere

1. Papprolle mit Buntpapier bekleben oder bunt anmalen.
2. Wattekugel ankleben. Dazu wird der Innenrand der Papprolle mit etwas Kleber bestrichen.
3. Arme aus Karton schneiden, am Rücken festkleben und nach vorn biegen.
4. Augen, Nase, Mund aus Buntpapier ausschneiden und auf die Watte kleben.
5. Hüte aus Papier herstellen und ankleben.

Lustige Mäuse

Das wird gebraucht (pro Maus):
* 1 Papprolle
* Buntpapier
* Karton
* Bast
* Strohhalme
* Wolle
* Filzstift
* Kleber
* Schere

1. Papprolle mit Buntpapier bekleben.
2. Aus Karton 2 Kreise für die Ohren schneiden und einen Schnitt in den Kreis bis fast zur Mitte machen.
3. Ohren auf die Papprolle stecken.
4. Etwas Bast, Wolle oder abgeschnittene Strohhalme als Schnurrhaare aufkleben.
5. Einen kleinen Kreis aus Papier für das Schnäuzchen ausschneiden, rot bemalen und über die Schnurrhaare kleben.
6. Mit dem Filzstift Augen, Mund und Füße aufmalen.
7. Als Schwanz einen Wollfaden ankleben.

Froschtrio

1. Die Papprolle in drei Teile schneiden und grün anmalen.
2. Aus Papier Augen, Füße und Seerosenblätter ausschneiden und bemalen.
3. Die fertigen Augen und Füße ankleben.
4. Frösche auf die Seerosenblätter kleben.
5. Mit Filzstift Mund zeichnen.

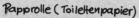

Das wird gebraucht (pro Frosch):
* 1 Papprolle (Toilettenpapier)
* Papier
* Buntstifte
* Wasserfarbe
* Pinsel
* Filzstift
* Kleber
* Schere

Fleißige Bienen

Das wird gebraucht (pro Biene):
* 1 Papprolle
* Karton
* gelbes Papier
* Wasserfarbe
* Pinsel
* Filzstift
* Kleber
* Klebstreifen
* Schere

1. Gelbe und braune Streifen auf die Papprolle malen.
2. Aus Karton das Gesicht ausschneiden, mit Filzstift bemalen und auf die vordere Öffnung der Papprolle kleben.
3. Aus gelbem Papier eine Ziehharmonika für die Flügel falten und mit einem Klebstreifen an der Rolle befestigen.

* Aus mehreren Bienen könnt ihr ein Mobile herstellen (siehe „Hubschrauber-Mobile" auf Seite 65)

Alle Vögel sind schon da!

1. Vogel 6x und Schwanz 3x auf das Papier zeichnen, mit Wachsmalstiften bunt anmalen und ausschneiden.
2. Jeweils 2 Vögel aufeinanderlegen, Faden zum Aufhängen dazwischenlegen, Flügel an der gestrichelten Linie nach außen falten und den Rest zusammenkleben.
3. Vogel und Schwanz an den angegebenen Stellen einschneiden und ineinanderstecken.
4. Vögel in unterschiedlichen Abständen am Gardinenring befestigen und den Gardinenring aufhängen.

* Hängt das Mobile vor dem Fenster über der Heizung auf. Dann bewegt es sich.

Das wird gebraucht:
* Holzgardinenring
* weißes Papier
* Faden
* Wachsmalstifte
* Filzstift
* Bleistift
* Kleber
* Schere

Katze mit Ringelschwanz

Das wird gebraucht:
* Tonpapier
* Nadel
* Faden
* Bleistift
* Filzstift
* Kleber
* Schere

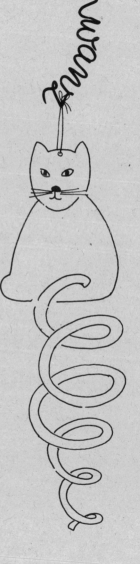

1. Katze und Kreis auf das Tonpapier zeichnen und ausschneiden.
2. Schwanz spiralförmig einschneiden.
3. Katzengesicht aufzeichnen.
4. Ringelschwanz an der angezeigten Stelle am Katzenkörper ankleben.
5. Mit der Nadel ein Loch am oberen Rand des Katzengesichtes stechen, Faden durchziehen und aufhängen.

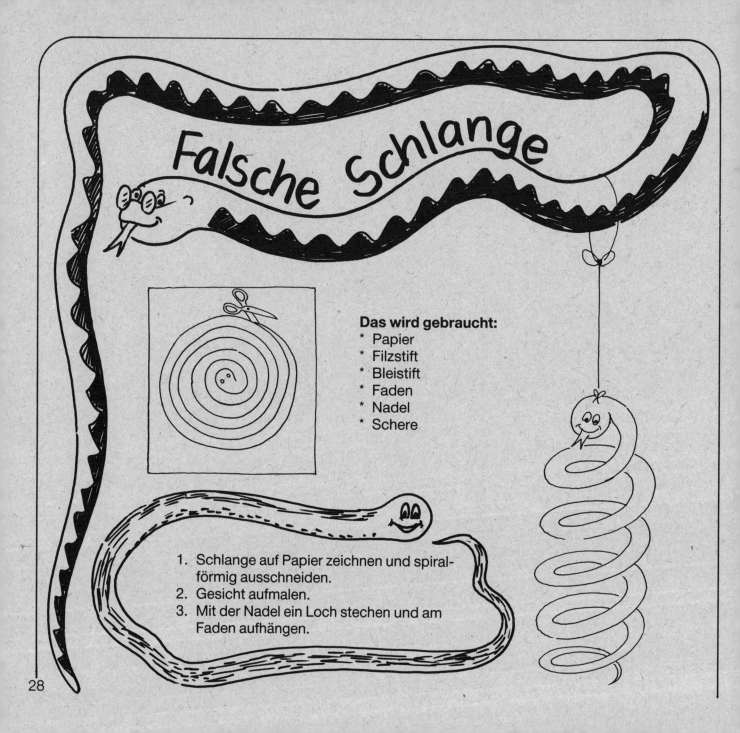

Falsche Schlange

Das wird gebraucht:
* Papier
* Filzstift
* Bleistift
* Faden
* Nadel
* Schere

1. Schlange auf Papier zeichnen und spiralförmig ausschneiden.
2. Gesicht aufmalen.
3. Mit der Nadel ein Loch stechen und am Faden aufhängen.

Besuch vom Nil – das Krokodil

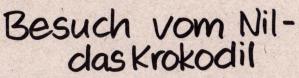

Das wird gebraucht:
* 1 Eierkarton für 10 Eier
* 1 Eierkarton für 6 Eier
* Weißes Papier
* Farbe * Schere * Kleber
* 1 dicker Bindfaden

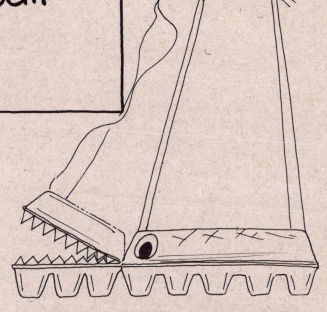

1. Außenseite der Eierkartons grün anmalen.
2. Deckel und Unterteil des 6er-Eierkartons mit der Schere voneinander trennen und innen rot anmalen.
3. Aus weißem Papier Zähne für das Krokodil ausschneiden und am Innenrand des 6er-Eierkartons ankleben.
4. Augen auf Papier malen, ausschneiden und ankleben.
5. 6er-Eierkarton am 10er-Eierkarton ankleben.
6. Mit der Nadel kleine Löcher am Rücken und am Kopf stechen und Wollfäden zum Aufhängen befestigen.

Der kuschelige Waschbär

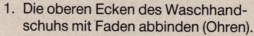

Das wird gebraucht:
* Waschhandschuh
* Watte
* Geschenkband
* Nadel
* Faden

1. Die oberen Ecken des Waschhandschuhs mit Faden abbinden (Ohren).
2. Für den Kopf Watte in den Waschhandschuh stopfen und mit Geschenkband abbinden.
3. Körper mit Watte ausstopfen.
4. Waschhandschuh unten zunähen.
5. Mit Nadel und schwarzem Faden Augen, Nase und Mund aufsticken oder mit schwarzem Stoffmalstift aufmalen.

* Wenn ihr statt Verbandwatte Bastelwatte verwendet, könnt ihr euren Waschbär auch in der Maschine waschen.

Was suchen die Hühner auf dem Frühstückstisch?

Das wird gebraucht:
* Zeichenkarton (bunt)
* Buntpapier
* Kleber
* Schere

1. Kreis mit 12 cm ⌀ zeichnen und ausschneiden.
2. Mit der Schere an der gestrichelten Linie entlang schneiden und an den Kanten zusammenkleben.
3. Kamm, Schnabel, Augen und Flügel aus Buntpapier ausschneiden und aufkleben.

* Die Hühner werden auf Eierbecher gestülpt.

Herr und Frau Hurtig

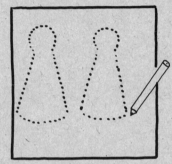

Das wird gebraucht:
* Karton
* Wolle
* Filzstifte
* Stift
* Kleber
* Schere
* kleine spitze Schere

1. Figuren auf Karton zeichnen und ausschneiden.
2. Mit der kleinen spitzen Schere Löcher für die „Beine" ausschneiden.
3. Wollfäden als Frisur ankleben.
4. Gesichter aufmalen.
5. Finger durch die Löcher stecken.

* So könnt ihr mit Herrn und Frau Hurtig einen Spaziergang durch den Zoo machen.

Alles im richtigen Rahmen

1. Karton für die Rückwand des Rahmens zuschneiden und mit Stoff bekleben (Tapete).
2. Stoff für Vorhänge zuschneiden und am oberen Rand ankleben.
3. Herd aus schwarzem Filz oder ähnlichem Material zuschneiden und mit weißen Wollfäden für die Ofentüren bekleben.
4. Den Teppich häkeln, stricken oder weben, oder aber auch aus einem dicken Stückchen Stoff zuschneiden und ankleben.
5. Streichholzschachtel mit Buntpapier bekleben (Küchenschrank), anmalen und ebenfalls ankleben.
6. 2 Streichhölzer als Tischbeine an den Karton ankleben.
7. Stoff für die Tischdecke zuschneiden und so an den Karton ankleben, daß die oberen Enden der Streichhölzer verdeckt sind.
8. Eisstiel als Küchenregal ankleben. Darüber kann man Geschirr aus Karton oder Stoff kleben.
9. Zum Schluß den Rahmen auf den Karton kleben.

* Ihr könnt auch Setzkastenminiaturen (Backform, Krug usw.) auf dem Bild befestigen.

Küchen-Bild

Das wird gebraucht:
* alter Bilderrahmen
* Karton
* Buntpapier
* Eisstiel
* 2 Streichhölzer
* Stoffreste
* Wollreste
* Streichholzschachtel
* Schere

Ein Kochtopf macht Karriere – von der Herdplatte zur Fensterbank!

Das wird gebraucht:
* alter Kochtopf
  (vorher die Mutter fragen!)
* Farbe
* Pinsel

Den Kochtopf nach euren Vorstellungen bemalen und ihn dann bepflanzen.

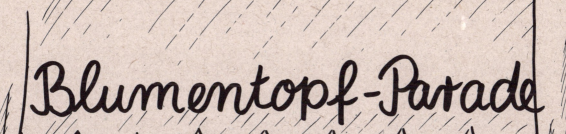

Blumentopf-Parade

Das wird gebraucht:
* Blumentöpfe
* Steinchen
* Papier
* Farbe
* Pinsel
* Kleber
* Schere

1. Mit Steinchen Augen, Nase und Mund auf die Töpfe kleben.
2. Nach Bedarf mit Farbe bemalen.
3. Haare aus Papier zurechtschneiden und ankleben.

* Nun könnt ihr die Blumentöpfe mit Erde füllen und bepflanzen, z. B. mit Sonnenblumen-, Zitronen-, Orangen- oder Mandarinenkernen.

Blumentopflampe

Das wird gebraucht:
* Blumentopf
* Lampenfassung mit Kabel
* Glühbirne
* Farbe
* Pinsel

1. Blumentopf schön bemalen.
2. Das Kabel durch das Loch im Boden des Blumentopfs ziehen.

* Bittet einen Erwachsenen, euch bei diesem Projekt zu helfen.

Ein Korb für Blumen

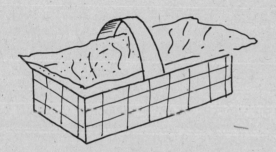

1. Spankorb schön anmalen.
2. Die Plastiktüte so zurechtschneiden, daß sie den Korb innen auskleidet.
3. Entweder Blumentöpfe hineinstellen oder die Erde direkt auf die Plastikfolie geben und bepflanzen.

* So ein Blumenkorb ist auch ein schönes Geschenk.

Das wird gebraucht:
* Spankorb
* Plastiktüte
* Farbe
* Pinsel

Das T-Shirt mit der persönlichen Note

1. Muster, Buchstaben usw. auf Karton zeichnen und ausschneiden (Schablone).
2. Schablone auf das T-Shirt legen und mit Stoffmalstiften ausmalen.

* Ihr könnt auf die gleiche Weise auch alte Turnschuhe verschönern.

Das wird gebraucht:
* altes T-Shirt (vorher die Mutter fragen!)
* Karton
* Stoffmalstifte
* Bleistift
* Schere

Alles in schönster Ordnung

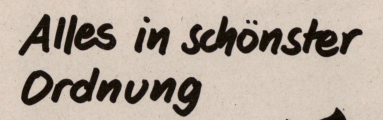

Das wird gebraucht:
* alter Aktenordner
* Stoffreste
  oder Katalogbilder
  oder Zeitungsaus-
  schnitte
  oder Aufkleber
  oder Geschenk-
  papier
  oder Fotos, die nicht
  ins Album kommen
* Borte, Spitze oder
  bunte Klebstreifen für
  die Ränder
* Kleber
* Schere

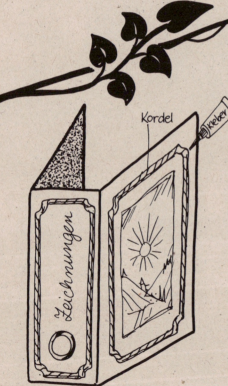

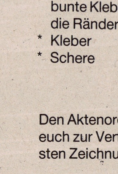

Den Aktenordner mit allem bekleben, was euch zur Verfügung steht und eure schönsten Zeichnungen darin aufbewahren.

* Ihr könnt natürlich auch Briefe, Fotos, schöne Bilder usw. darin aufbewahren.

Dein Traumkopfkissen

Das wird gebraucht:
* weißer Kissenbezug (vorher die Mutter fragen!)
* Pappe
* Stoffmalstifte

1. Ein Stück Pappe in den Bezug stecken, damit die Farbe nicht auf die andere Seite durchzieht.
2. Den Kissenbezug nach euren Vorstellungen bemalen.

* Seid kreativ!

Ausgediente Bettlaken – zu neuen Diensten!

Das wird gebraucht:
* 1 weißes Bettlaken
* Schere
* Kartoffeln
* 1 scharfes Messer
* Stoff-Farben

1. Laken zurechtschneiden (Tischdecke, Deckchen, Vorhang usw.)
2. Mit einem scharfen Messer Kartoffelstempel herstellen.
3. Mit den Kartoffelstempeln den Stoff bedrucken.

* Ihr könnt auch Korken zum Bedrucken verwenden.

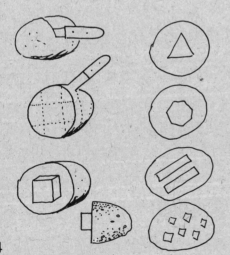
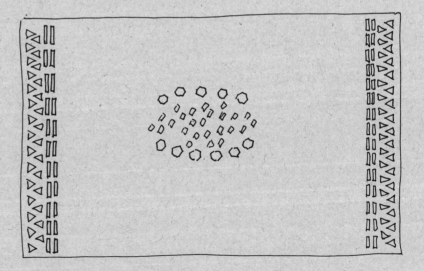

Die Puppenstube
im Schuhkarton

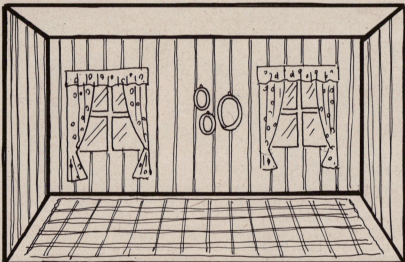

Das wird gebraucht:
* großer Schuhkarton
* Geschenk- oder Schrankpapier
* Gardinen- oder Stoffreste
* Teppichbodenrest oder dicker Stoff
* Kleber
* Schere

1. Deckel des Schuhkartons abnehmen.
2. Innenwände des Schuhkartons mit Geschenk- oder Schrankpapier bekleben.
3. 2 Fenster ausschneiden und am oberen Rand Gardinen ankleben.
4. Boden mit Teppichrest oder dickem Stoff auslegen.

* Als Wandschmuck könnt ihr Katalogbilder oder ein kleines Foto von euch an die Wand kleben.

* Auf den folgenden Seiten findet ihr Möbel für die Puppenstube.

Herd

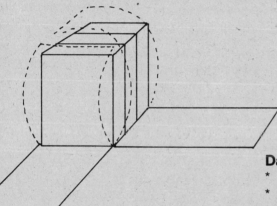

Das wird gebraucht:
* 3 Streichholzschachteln
* weißes Papier
* Alufolie
* Filzstift
* Kleber
* Schere

1. 3 Streichholzschachteln hintereinanderkleben und mit weißem Papier bekleben (siehe Zeichnung).
2. Aus Alufolie 4 kleine Kreise ausschneiden und auf die Oberseite als Herdplatten kleben.
3. Mit einem Filzstift die Schalter und das Backofenfenster auf die Vorderseite malen.

BETT

Das wird gebraucht:
* 5 Streichholzschachteln
* Buntpapier
* Kleber
* Schere

1. 3 Streichholzschachteln aneinanderkleben (Matratze) und mit Buntpapier bekleben.
2. 2 Streichholzschachteln einzeln mit Buntpapier bekleben (Kopf- und Fußende).
3. Matratze, Kopf- und Fußende aneinanderkleben.

* Schneidet euch aus dickem Stoff eine Bettdecke und ein Kissen zu.

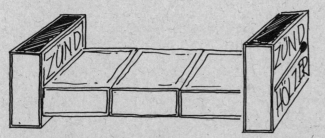

Tisch

Das wird gebraucht:
* 2 Streichholzschachteln
* Karton
* Kleber
* Schere

1. Tischplatte aus Karton zuschneiden.
2. Tischplatte auf 2 aufrechtstehende Streichholzschachteln kleben.

* Aus einem hübschen Stoffrest könnt ihr euch ganz schnell ein Tischtuch zuschneiden.

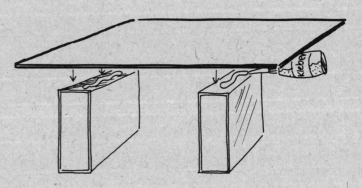

Kommode

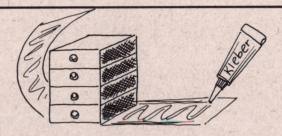

Das wird gebraucht:
* 4 Streichholz-
  schachteln
* Buntpapier
* 4 Kuvertklammern
* 2 Streichhölzer
* Kleber
* Schere

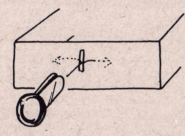

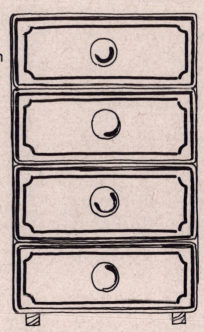

1. Streichholzschachteln übereinanderkleben.
2. Kuvertklammern als Griffe an den Schubladen anbringen.
3. Buntpapier rundherum kleben.
4. 2 Streichhölzer als Füße/Sockel darunterkleben.

Rhythmus aus der Dose

Das wird gebraucht:
* leere Cremedose
* Reiskörner
* bunte Papierschnipsel
* Kleber

1. Leere Cremedose mit Reiskörnern füllen.
2. Innenrand der Dose mit Kleber bestreichen und schließen.
3. Dose mit bunten Papierschnipseln bekleben.

Schlag auf Schlag

Das wird gebraucht:
* leere Keksdose
* rotes Papier
* Bindfaden
* 2 Stöckchen zum Trommeln
* Kleber
* Schere

1. Keksdose mit rotem Papier bekleben.
2. Bindfaden im Zickzack aufkleben.

* Überlegt mal, ob ihr nicht mit anderen Kindern ein Orchester gründen könntet.

Fang die Kugel

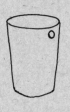

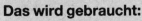

Das wird gebraucht:
* leerer Buttermilchbecher (0,5 l)
* Wollfaden, ca. 20 cm lang
* Holzkugel
* Nadel

1. Mit der Nadel ein kleines Loch ca. 1 cm unterhalb des Becherrandes stechen.
2. Holzkugel am Wollfaden befestigen.
3. Das andere Ende des Wollfadens am Becher befestigen.

Nußmemory

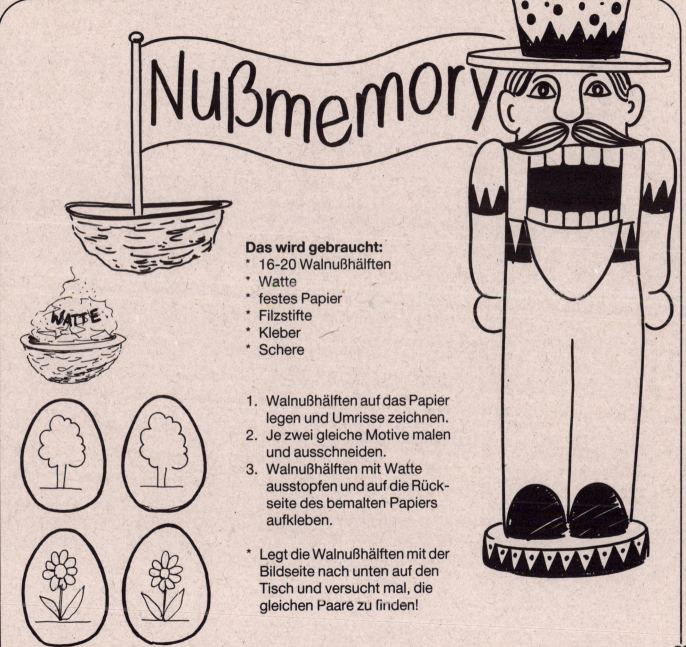

Das wird gebraucht:
* 16-20 Walnußhälften
* Watte
* festes Papier
* Filzstifte
* Kleber
* Schere

1. Walnußhälften auf das Papier legen und Umrisse zeichnen.
2. Je zwei gleiche Motive malen und ausschneiden.
3. Walnußhälften mit Watte ausstopfen und auf die Rückseite des bemalten Papiers aufkleben.

* Legt die Walnußhälften mit der Bildseite nach unten auf den Tisch und versucht mal, die gleichen Paare zu finden!

Der alternative Fernsehapparat

Das wird gebraucht:
* Schuhkarton
* 2 Joghurtbecher mit flacher Seite
* langer Papierstreifen
* 2 Holzstöckchen
* Karton
* Faden
* Farbe
* Pinsel
* Nadel
* Schere

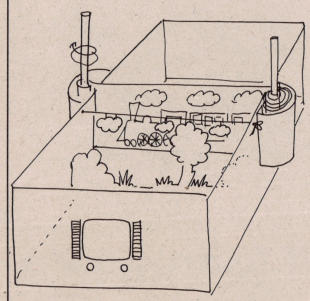

1. Schlitze in Karton und Becher schneiden.
2. Becher bei den Schlitzen an den Karton kleben, damit die Filmrollen darin stehen können.
3. Bilder bzw. „Film" auf den langen Papierstreifen malen.
4. Holzstöckchen an die Enden des Papierstreifens kleben.
5. Bäume, Stäucher und Berge als Kulissen aus Karton schneiden, bemalen und in den Fernseher kleben.
6. Faden durch den Karton ziehen und Wolken usw. daranhängen.
7. Vorne ein Loch zum Hineinschauen ausschneiden.

* Wenn ihr an den Holzstöckchen dreht, läuft der Film.

Das AUSGEFLIPPTE Murmelspiel

Das wird gebraucht:
* große Waschmittelschachtel
* Papprolle
* Pappe
* Murmeln
* Kleber
* Schere

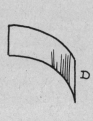

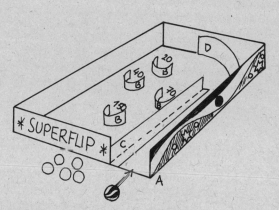

1. Vorderseite der Waschmittelschachtel herausschneiden (Zeichnung A).
2. Aus der Papprolle Halbkreise schneiden (Zeichnung B).
3. Pappstreifen wie abgebildet falten (Zeichnung C).
4. Einen zweiten Pappstreifen schneiden und ein wenig biegen (Zeichnung D).
5. Alle Teile wie abgebildet auf die Pappschachtel kleben und Zahlen darauf schreiben.

* Damit der Karton schräg steht, kann man unter die hintere Hälfte ein Buch legen.

Spielregeln:
Jeder Mitspieler bekommt 6 Murmeln und muß versuchen, sie so mit den Fingern hineinzuschießen, daß er eine möglichst hohe Punktzahl erreicht. Wer die meisten Punkte hat, ist Sieger.

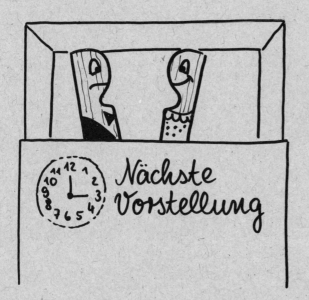

Schachtel-theater

Das wird gebraucht:
* Streichholzschachtel
* Buntpapier
* Holzwäscheklammer
* Filzstifte
* Kleber
* Schere

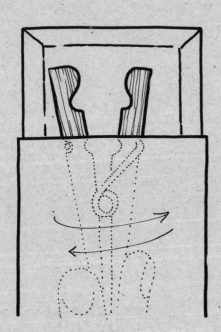

1. Streichholzschachtel mit Buntpapier bekleben.
2. Gesichter auf die Wäscheklammerhälften malen.
3. Unteres Ende der Schachtel abschneiden und Wäscheklammer durchstecken.
4. Puppen sprechen lassen durch Auf- und Zudrücken der Wäscheklammer.

Lumpen-sammler

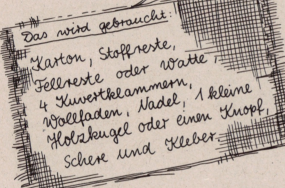

Das wird gebraucht:
Karton, Stoffreste, Fellreste oder Watte, 4 Kuvertklammern, Wollfaden, Nadel, 1 kleine Holzkugel oder einen Knopf, Schere und Kleber.

1. Körperteile aus Karton zurechtschneiden und mit verschiedenen Stoffen bekleben.
2. Haare und Bart aus einem Fellrest oder Watte ankleben.
3. Mit einer Nadel kleine Löcher in die angegebenen Stellen stechen.
4. Arme und Beine mit Kuvertklammern am Körper befestigen.
5. Arme und Beine mit einem Wollfaden verbinden.
6. Am Ende des Wollfadens eine kleine Holzkugel oder einen Knopf anbringen.

* Wenn ihr an dem Knopf zieht, bewegt sich der Lumpensammler.

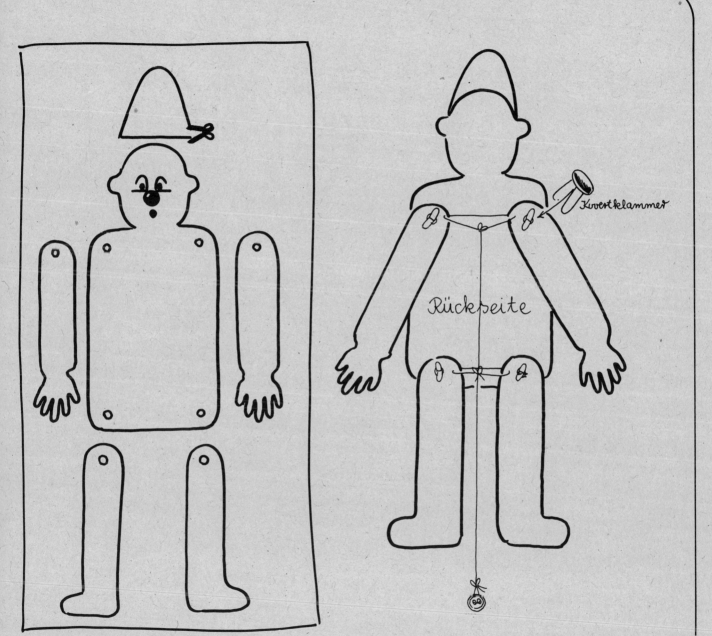

Bau dir eine Uhr

Das wird gebraucht:
* Deckel einer Waschmitteltonne
* Karton
* Kuvertklammer
* Farbe
* Filzstift
* Schere

1. Deckel bunt anmalen.
2. Zifferblatt mit Filzstift beschriften.
3. Großen und kleinen Zeiger aus Karton schneiden und mit einer Kuvertklammer in der Mitte des Deckels befestigen, so daß man sie drehen kann.

* Mit so einer Uhr könnt ihr die Uhr lesen lernen. Falls ihr es schon könnt, bringt es doch eurem kleinen Bruder oder eurer kleinen Schwester bei.

FOTO-Stammbaum

Das wird gebraucht:
* Karton
* Farbe
* Stoffreste
* Lederreste
* Papier
* Herbstblätter
* Fotos von eurer Familie
* Kleber
* Schere

1. Umrisse eines Baumes auf Karton zeichnen und ausschneiden.
2. Blätter aus Stoff, Papier oder Leder schneiden oder echte Herbstblätter sammeln.
3. Blätter aufkleben, am äußeren Rand beginnend.
4. Fotos eurer Familie passend schneiden und aufkleben (vorher die Mutter fragen!).

* Leere Schraubdeckel von Saft, Sprudel o. ä. mit Kleber füllen, wenn mehrere Kinder basteln und nur eine Klebstoff-Flasche vorhanden ist.

Bilder mit Nadel + Faden

Das wird gebraucht:

* Postkarten (DIN A6)
* Bleistift
* Nadel
* Faden
* Klebstreifen

1. Motiv auf die Karte zeichnen.
2. Mit der dicken Nadel Löcher entlang der Zeichnung vorstechen.
3. Wollfaden an einem Ende mit einem Stück Klebstreifen umwickeln und damit nähen.

Der originelle SETZKASTEN

Das wird gebraucht:
* viele leere Streichholzschachteln
* starker Karton
* Farbe
* Pinsel
* Kleber
* Schere

1. Starken Karton als Rückseite für den Setzkasten zuschneiden.
2. Innenseiten der Streichholzschachteln mit verschiedenen Farben bemalen und auf den Karton kleben.

* Jetzt könnt ihr schöne Steinchen, Knöpfe, selbstgemachte Knetfiguren usw. in den Setzkasten stellen.

Schöne Bilder – schön gerahmt!

1. Innenseite des Deckels herausdrücken oder ausschneiden, so daß nur noch der Rahmen übrigbleibt.
2. Rahmen bemalen oder mit Borte bekleben.
3. Schönes Bild aus einem Katalog schneiden oder selbst malen.
4. Bild in den Rahmen kleben.

* Mit diesen einfachen Bildern könnt ihr euer Zimmer ganz schnell und schön dekorieren.

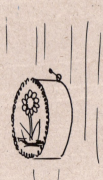

Das wird gebraucht:
* leere Camembertschachteln
* Farbe oder Borte
* Kataloge
* Papier
* Pinsel
* Kleber
* Schere

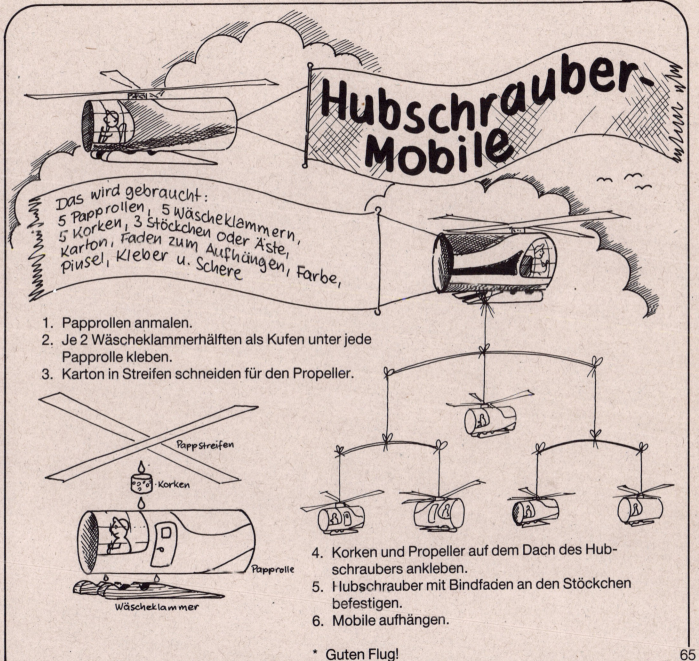

Salzbilder

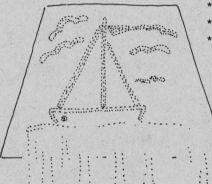

Das wird gebraucht:
* farbiges Papier
* Salz
* Kleber

* Je dunkler der Hintergrund ist, desto schöner wirkt das Bild.

1. Mit dem Kleber ein Bild auf das farbige Blatt Papier malen.
2. Bevor der Kleber trocknet, schnell Salz auf das Papier streuen.
3. Das Papier schräg halten, daß das überflüssige Salz abfallen kann.
4. Wo Klebstoff auf dem Papier war, wird das Salz festkleben.

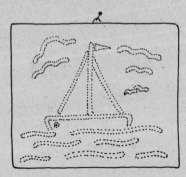

Das Haus der Feste!

Das wird gebraucht:
* bunter Zeichenkarton
* weißes Papier
* Stoff- und Gardinenreste
* Filzstift
* Bleistift
* Kleber
* Schere

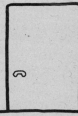

1. Auf buntem Karton ein Haus mit Dach zeichnen und ausschneiden.
2. Fenster aus weißem Papier anfertigen und auf das Haus kleben.
3. Stoff- oder Gardinenreste an den Fensterseiten ankleben.
4. Die Geburtstage und sonstigen Familienfesttage in die einzelnen Fenster schreiben.

* Wie wär's, wenn ihr so ein Festtagshaus eurer Mutter zum Muttertag schenkt?

Eine nette Marionette

Das wird gebraucht:
* Stoffrest 20 x 20 cm
* oder ein buntes Stofftaschentuch
* große Holzkugel
* 4 kleine Holzkugeln
* kleines Stöckchen oder kleiner Ast
* Wolle
* Bindfaden
* Filzstift

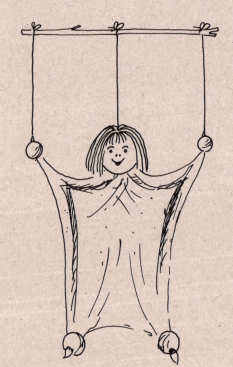

1. Mit Hilfe von Nadel und Faden Stoffecken durch die kleinen Holzkugeln ziehen (Hände und Füße), bis sie festsitzen.
2. Einen doppelten Faden in der Mitte der oberen Taschentuchkante befestigen und durch die große Holzkugel (Kopf) ziehen. Der Faden wird für das Annähen der Haare weiterverwendet.
3. 20 Wollfäden je 10 cm zuschneiden, in der Mitte zusammenbinden und mit dem doppelten Faden, der aus der großen Holzkugel heraushängt, annähen.
4. Arme und Kopf mit Fäden am Stöckchen befestigen.

Türschilder aus Salzteig

1. Jeweils die gleiche Menge Mehl und Salz vermengen (z.B. 1 Tasse Mehl und 1 Tasse Salz).
2. Langsam kaltes Wasser hinzufügen, bis der Teig sich gut kneten läßt.
3. Falls der Teig zu dünn wird, noch mehr Mehl hinzufügen.
4. Ausrollen und Türschilder formen.
5. Für Augen, Nase, Mund, Haare, Namen usw. Extrateig verwenden.
6. Mit dem Zahnstocher Löcher zum Befestigen des Schildes durchstechen.
7. Auf niedrigster Stufe im Backofen hart werden lassen.
8. Mit Plakafarbe oder anderen Farben bemalen (nicht zu naß!).

* Laßt euch noch mehr originelle Ideen einfallen!

Faltrahmen

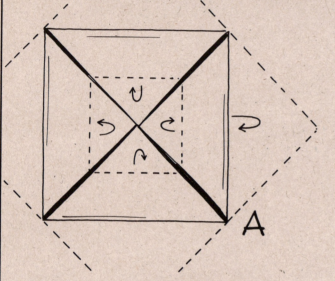

1. Tonpapier 20 x 20 cm ausschneiden.
2. Ecken zur Mitte hin falten (Zeichnung A).
3. Spitzen nach außen falten (Zeichnung B).
4. Bild in die Mitte kleben (Zeichnung C).
5. Ecken und Spitzen evtl. ankleben.

Das wird gebraucht:
* Tonpapier
* Foto
* Kleber
* Schere

Kleines FOTO-ALBUM

Das wird gebraucht:
* Karton
* Fotos
* Geschenkband
* Filzstifte
* Kleber
* Locher
* Schere

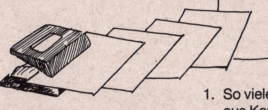

1. So viele Albumseiten aus Karton ausschneiden, wie man für das Album braucht. Die Seiten sollten etwas größer sein als die Fotos, damit ein Rand zum Lochen und Beschriften bleibt.
2. Albumseiten aufeinanderlegen, seitlich lochen und mit einem Geschenkband zusammenbinden.
3. Die vorderste und hinterste Albumseite als Einband hübsch bemalen und beschriften.
4. Fotos einkleben.

* Dazu eignen sich Erinnerungsfotos an einen gemeinsamen Urlaub, einen Ausflug, eine Geburtstagsfeier oder Fotos für Oma und Opa.

Glückwunschkarten selbstgemacht

... zum Geburtstag

Das wird gebraucht:
* einfache Briefkarten DIN A6
* Geschenkband
* Papier
* Illustrierte
* Kataloge
* Filzstifte
* Kleber
* Locher

1. Mit dem Locher am Rand der Karte Löcher stanzen.
2. Geschenkband durchziehen.
3. Bild aus einer Illustrierten oder einem Katalog ausschneiden oder selbst malen.
4. Bild in die Mitte der Karte kleben.

... zur Geburt

Das wird gebraucht:
* einfache Briefkarten DIN A6
* Stoffreste
* Zahnstocher
* Wollfaden

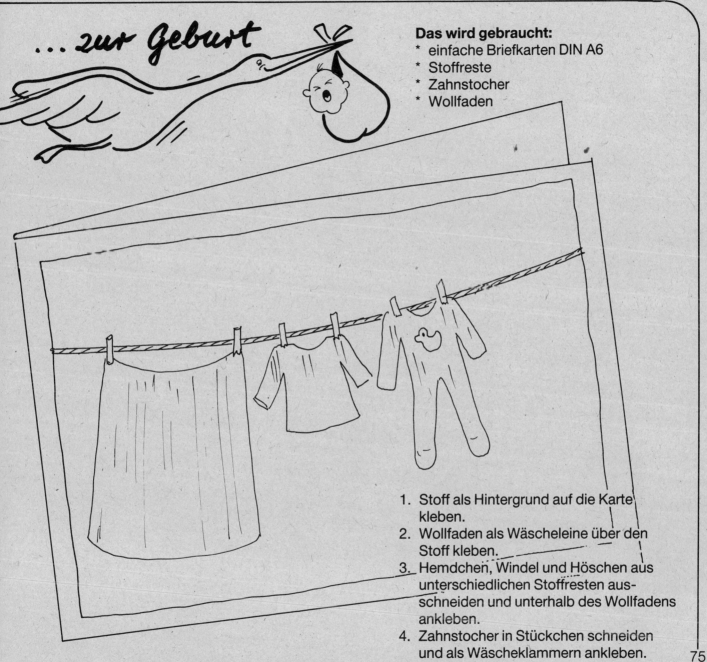

1. Stoff als Hintergrund auf die Karte kleben.
2. Wollfaden als Wäscheleine über den Stoff kleben.
3. Hemdchen, Windel und Höschen aus unterschiedlichen Stoffresten ausschneiden und unterhalb des Wollfadens ankleben.
4. Zahnstocher in Stückchen schneiden und als Wäscheklammern ankleben.

Blumenbild

Das wird gebraucht:
* alter Bilderrahmen
* Karton
* Stoff
* Buntpapier
* alte Knöpfe
* Kleber
* Schere

1. Aus Karton einen passenden Hintergrund zuschneiden und mit Stoff bekleben.
2. Eine Vase aus Karton, Buntpapier oder Stoff zuschneiden und aufkleben.
3. Blumen und Blätter aus alten Knöpfen, Buntpapier, Stoffresten, Borte, Spitze usw. herstellen und ankleben.

Dieser Rahmen ist einfach Spitze!

Das wird gebraucht:
* Bilderrahmen mit Glaseinsatz
* Karton
* Spitzendeckchen oder Spitzentaschentücher
* Stoff
* Kleber
* Schere

1. Falls der Bilderrahmen keine Rückwand mehr hat, passende Rückwand aus Karton zuschneiden und mit Stoff oder buntem Papier als Hintergrund bekleben.
2. Spitzendeckchen oder Spitzentaschentücher darauflegen und in den Bilderrahmen einpassen.

Wandschmuck aus Kacheln

Das wird gebraucht:
* Kachel
* Aufhänger
* Apfelkerne, Mais-, Reis-, Weizenkörner, Pfefferkörner, Gewürznelken, rote und weiße Bohnenkerne, Gurkenkerne usw.
* Streichhölzer und sonstiges Material
* Kleber

1. Aus Kernen, Körnern, Gewürz und sonstigen Materialien ein Bild auf die Kachel kleben.
2. Den Aufhänger an den oberen Rand der Rückseite kleben und das Bild aufhängen.

* Ihr könnt die Kachel auch mit Buntpapier, Selbstklebefolie, Knöpfen oder Abziehbildern verschönern.

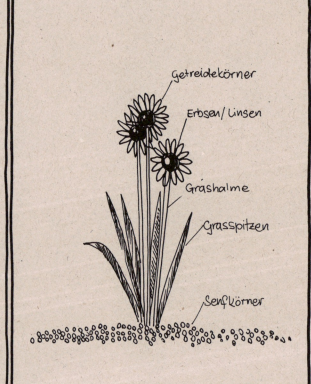

Kerzentorte

Das wird gebraucht:
* 13 weiße Haushaltskerzen
* 5 rote Haushaltskerzen
* rundes Tortendeckchen
* rotes Geschenkband
* Bindfaden

1. Haushaltskerzen so anordnen, daß in der Mitte 1 weiße, darum herum 5 rote und darum herum 12 weiße Kerzen stehen (Zeichnung A).
2. Kerzen mit Bindfaden zusammenbinden.
3. Kerzenbündel auf ein Tortendeckchen stellen und mit rotem Geschenkband zusammenbinden (Zeichnung B).

* Diese „Torte" ist ein originelles Geschenk zu Geburtstagen.

Glückwunschkarten selbstgemacht

... im Herbst II

Das wird gebraucht:
* einfache Briefkarten DIN A6
* getrocknete (gepreßte) Herbstblätter
* Goldfarbe
* Pinsel
* Kleber

1. Briefkartenvorderseite mit Goldfarbe bemalen.
2. Getrocknete Herbstblätter aufkleben.

... im Winter

Das wird gebraucht:
* schwarzes Tonpapier
* Korken
* Buntpapier
* Deckweiß
* Bleistift
* Kleber
* Schere

1. Karte (10,5 cm x 14,5 cm) aus schwarzem Tonpapier ausschneiden.
2. Mit Bleistift die Umrisse eines Schneemannes darauf zeichnen.
3. Mit Korken und Deckweiß innerhalb der Umrisse stempeln.
4. Augen, Nase und Knöpfe aus Buntpapier ausschneiden und aufkleben.

* Tip: Packpapier, mit Kartoffelstempeln bedruckt, ist ein originelles Geschenkpapier.

Mobile aus Stroh und Perlen

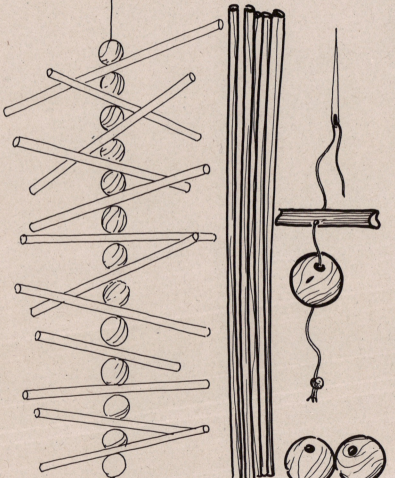

Das wird gebraucht:
* Strohhalme, natur oder bunt
* Holzperlen, natur oder bunt
* Faden
* Stopfnadel

1. Faden gut an einer Perle befestigen.
2. Immer abwechselnd eine Perle, einen Strohhalm auffädeln.
3. Wenn das Mobile die gewünschte Länge hat, mit dem Auffädeln aufhören.
4. Den Faden an der letzten Perle gut befestigen.
5. Mobile aufhängen.

* So entsteht Wind: Heiße Luft steigt auf. Dadurch entsteht Luftbewegung. Heiße Luft ist leichter als kalte Luft.

Ein Doppelgänger zum Aufhängen

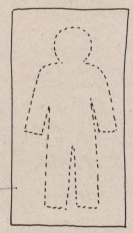

Das wird gebraucht:
* großes Stück starken Karton (so groß wie du)
* Farbe
* Wollreste
* alte Kleider
* Stoffreste
* Kleber
* Nadel
* Faden
* Schere

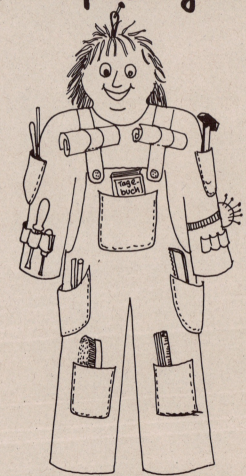

* Lege dich auf den Karton und bitte jemanden, deine Umrisse zu zeichnen.
* Schneide entlang der gezeichneten Linie.
* Bemale das Gesicht und klebe Wollfäden als Haare an den oberen Rand.
* Ziehe deinem Doppelgänger alte Kleider mit möglichst vielen Taschen von dir an. Vorher die Mutter fragen!
* Damit die Kleider passen, mußt du sie vielleicht an der Rückseite mit Nadel und Faden zusammennähen.
* Nähe zusätzlich Stoffquadrate auf die Kleider, damit du viele Taschen zur Aufbewahrung von nützlichen Dingen hast.
* Ihr könnt darin eure Schulsachen, Werkzeug oder anderen Krimskrams ordentlich aufbewahren.

Schöner Untersetzer

Das wird gebraucht:
* Kachel
* Filz
* Kleber
* Schere

1. Filz in Streifen schneiden.
2. Filzstreifen unter die Kachel kleben.

* Diesen Untersetzer kann man für heiße Sachen, aber auch als Blumenuntersetzer auf der Fensterbank verwenden. Er eignet sich auch prima zum Verschenken.

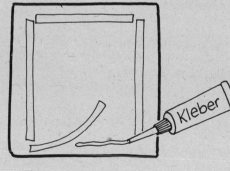

So macht Essen noch mehr Spaß

Das wird gebraucht:
* Papiertischtuch
* Filzstifte
* Wachsmalkreiden
* Buntstifte

1. Papiertischtuch auf den Tisch legen.
2. Lustig bemalen.

* Beim Essen könnt ihr dann raten, was sich unter Papas Teller versteckt oder was der Bauernhof unter dem Suppentopf zu suchen hat.

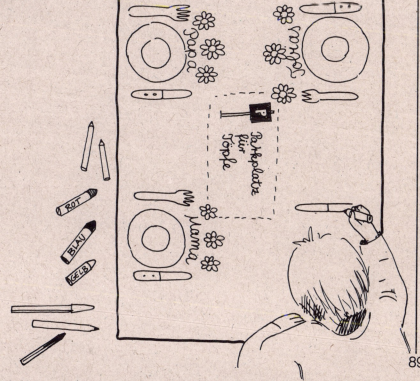

Spangen- liesel

1. Deckel mit Buntpapier bekleben und Gesicht daraufmalen.
2. Lange Wollfäden für Zöpfe und kurze für den Pony schneiden.
3. Wollfäden am oberen Rand des Deckels ankleben und Zöpfe flechten.
4. Haarklammern und -spangen an den Zöpfen befestigen.

* Wenn ihr die Spangenliesel im Bad oder Kinderzimmer aufhängt, habt ihr eure Haarklammern und -spangen immer griffbereit.

Das wird gebraucht:
* Deckel einer Waschmitteltonne
* Buntpapier
* Wollreste
* Kleber
* Schere

Das wird gebraucht:
* leere Creme- oder Keksdose
* entwertete Briefmarken
* Kleber

1. Briefmarken vom Papier lösen. (Wenn ihr sie in warmes Wasser legt, lösen sie sich nach ein paar Minuten leicht vom Kuvert).
2. Dose damit bekleben.

* In der Dose könnt ihr eure eigenen gesammelten Briefmarken aufbewahren. Ihr könnt die Dose aber auch an einen Sammler verschenken.

Mein eigenes Tischset

Das wird gebraucht:

* weißer Karton (DIN A3)
* Farbe + Pinsel
* Klarsichtfolie (selbstklebend)

Anleitung:

Den DIN A3 Karton bemalen und mit Selbstklebefolie beziehen.

Ihr könnt euch auch farbigen Karton nehmen und das Tischset in der passenden Farbe bemalen.
(z.B. dunkelroter Stift auf hellrotem Karton).

Telefonkasse

Das wird gebraucht:
* leere Cremedose
* Plakafarbe
* Pinsel

1. Cremedose mit Plakafarbe bunt anmalen.
2. Wählscheibe auf den Deckel malen.

* Neben dem Telefon dient sie als Kasse für telefonierende Gäste. Man kann sie aber auch als Aufbewahrungsort von Münzen für die Telefonzelle verwenden.

Margit Thomas
Das alternative Bastelbuch für Kinder — Band 1
Best.-Nr. 16150 · 96 Seiten

Dieses Bastelbuch ist deshalb alternativ, weil es erstens auf Original Umweltschutzpapier gedruckt wurde und zweitens viele Wegwerfartikel aus dem Haushalt als Basismaterial verwendet werden. Ein Buch in der Reihe **aktiv & kreativ**.

Margit Thomas
Kinder in der Küche — Tips + Rezepte
Best.-Nr. 16151 · 96 Seiten

Dieses Buch ist mehr als nur ein Kochbuch für Kinder. Es gibt auch Anregungen für die praktische Mithilfe der Kinder im Haushalt. So lernen sie neben dem Spaß beim Kochen und Backen auch Verantwortung zu tragen. Spielerisch wird ihr Selbstwertgefühl gesteigert. Ein Buch in der Reihe **aktiv & kreativ**.

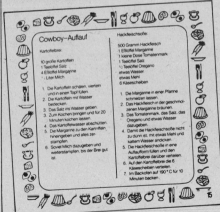

Angela Zeidler-Frész
Kinderfeste — einfach und lustig
Best.-Nr. 16155 · 96 Seiten

»Eine Kinderparty muß kein Streß sein oder viel Geld kosten!« Unter diesem Motto gibt dieses Buch Anregungen, wie Eltern mit Kindern gemeinsam mit viel Spaß und Freude das Kinderfest **aktiv & kreativ** vorbereiten und durchführen können. Ein Buch in der Reihe **aktiv & kreativ**.

Margit Thomas
Denksport für Kinder und Nilpferde
Best.-Nr. 16153 · 96 Seiten

Lachen, knobeln, rätseln. Dieses Buch ist vollgepackt mit Ideen, Anregungen und lustigen, lehrreichen und spannenden Rätseln und Denksportaufgaben. Es soll Kinder und Erwachsene anleiten, selbst **aktiv & kreativ** zu werden. Ein Buch in der Reihe **aktiv & kreativ**.

Margit Thomas
Mit Kindern und Nilpferden spielend reisen
Best.-Nr. 16152 · 96 Seiten

Dieser Band enthält Hunderte von Ideen, wie man etwas gegen die häufig auftretende Langeweile einer Auto-, Bahn- oder Flugreise tun kann. Doch er soll Kindern nicht nur eine Beschäftigung bieten, sondern sie auch anregen, selber kreative Gedanken zu entwickeln. Ein Buch in der Reihe **aktiv & kreativ**.

Susan Butler
Das alternative Spielebuch für Kinder
Best.-Nr. 16156 · 96 Seiten

Dieses Spielebuch ist deshalb alternativ, weil erstens die Spiele so gespielt werden können, daß es keinen Verlierer gibt, und zweitens, es aus Original Umweltschutzpapier hergestellt ist. Ein Buch in der Reihe **aktiv & kreativ**.